JN023787

それって
おかしくない
ですか!?

福間 康子

Fukuma Yasuko

風詠社

〈前書き〉

　10年ひと昔と言いますが、この頃の時代の変化は目まぐるしく、わずか数年で世の中が激変してしまいます。しかも最近はすべてのことが悪い方に悪い方に進んでいるような気がしてなりません。日本人の言動を見ていても、これでいいのだろうか？何かおかしいんじゃないか？と考えることが多くなりました。

　言語面においても、最近のテレビのトーク番組やドラマを見ていると、本来の日本語から逸脱した「今風日本語」や「省略表現」が蔓延しています。しかもそう言うことがむしろかっこいい！とする風潮があるように思えます。また行動面においても、社会生活のいろいろな場面で人の迷惑など全く顧みない自己中心的な振る舞いをする人が増えています。社会ルールを無視したびっくりするような迷惑行為が連日テレビで報道されています。その上社会全体がサービスという名目でお客にわがままを許す傾向にあるのも気になります。そしてお客の方もいつの間にかそれが当たり前だと勘違いをしているように思えます。

日本人は律儀で奥ゆかしいと言われた時代も
あったはずですが、そんな日本人はどこへ行って
しまったのでしょうか？　私たちはもう一度原点
に返り、自らの言動をしっかり省みたいものです。

目　次

〈前書き〉 ……………………………………………… 3

まずクイズです！ ……………………………………… 9

第1章　今風日本語 ……………………………… 15

1．おかしな日本語　15
待遇表現〜尊敬語と謙譲語の取り違え〜　15
過剰敬語　18
美化語　22

2．カタカナ語　23
和製英語　23
外来語　26
外行語　29

3．日本語のあいまいさ　31
ねじれ文　31
たかが句読点、されど句読点　33

4．おかしなコミュニケーション　37
1000円お預かりします　37
これでよろしかったでしょうか？　38
鮭の切り身ある？　39

5．日本語って面白い！　40

隠語　40

省略表現　42

混合表記　46

レストランと食堂は同じ？
　　〜外来語のニュアンス〜　48

男？　それとも男の人？　51

6．今どき日本語　53

これでいいっすか？＝「っす体」　53

大丈夫です　54

全然いいよ　55

とんでもございません　56

お茶しない？　58

キラキラネーム　59

第2章　日本人は神さまになった　⋯⋯⋯⋯⋯ 60

1．マナーって何？　60

運転マナー　60

乗車マナー　61

行楽地でのマナー　62

2．お客さまは神さまです　64

第3章　ちょっとディープに
～日本語豆知識～ ································· 66

熟字訓　　　　　　　　　　　　　　　　　66

呉音・漢音・唐／宋音　　　　　　　　　　68

〈あとがき〉 ···································· 70

参考文献 ······································· 73

装幀　2DAY

まずクイズです！

次の会話文で何だかちょっとおかしい？　違和感があると思ったところを見つけて、訂正してくださいね。では始めます。

＃１ 受付で

来訪者：すみません、このイベントの申し込みをしたいのですが…

受付係：あ、それでしたら１番の窓口で伺ってください。

＃２ 有名人の婚約発表の場で

男性タレントＡ：私、この度Ｂ子さん（女性タレント）と結婚させて頂くことになりました。

＃３ 郵便局の窓口で

担当者：全部で１０００円になります。

客　　　：はい（１０００円札を１枚渡す）

担当者：では１０００円お預かりします。

＃４ デパートの衣料品売り場で

（客は売り場のショーウィンドウに展示されている赤いマフラーを指して）

客　：すみません。あのマフラーをいただきたいのですが…

店員：（そのマフラーを取り出して）ありがとうございます。これでよろしかったでしょうか？

＃５　魚屋の店頭で

客　：ねぇ、今日、鮭の切り身ある？

魚屋：何枚にします？

解答例

＃１ 受付で

来訪者：すみません、このイベントの申し込み
をしたいのですが…
受付係：あ、それでしたら１番の窓口で<u>伺って
ください</u>。

↓

☺ 解答例
　　１番の窓口で<u>お尋ねください</u>。

なぜおかしいの？

➡ p.16「待遇表現」

＃２ 有名人の婚約発表の場で

男性タレントＡ：私、この度Ｂ子さん（女性タ
レント）と結婚<u>させて頂く</u>ことに<u>なりました</u>。

↓

☺ 解答例

　私、この度Ｂ子さんと結婚<u>することにしまし</u>
<u>た</u>／結婚<u>します</u>。

なぜおかしいの？

➡　p.17「待遇表現」

#3 郵便局の窓口で

担当者：全部で１０００円になります。

客　　：はい（１０００円札を１枚渡す）

担当者：では１０００円<u>お預かりします</u>。

↓

☺ 解答例

　では１０００円<u>頂きます</u>。

なぜおかしいの？

➡　p.37「おかしなコミュニケーション」

＃4 デパートの衣料品売り場で

（客は売り場のショーウィンドウに展示されている赤いマフラーを指して）

客　：すみません。あのマフラーをいただきたいのですが…

店員：（そのマフラーを取り出して）ありがとうございます。これで<u>よろしかったでしょうか？</u>

↓

☺解答例

　　（そのマフラーを取り出して）ありがとうございます。これで<u>よろしいでしょうか？</u>

なぜおかしいの？

➡ | p.38「おかしなコミュニケーション」 |

＃5　魚屋の店頭で

客　：ねぇ、今日、鮭の切り身ある？

魚屋：何枚にします？

☺ 解答例

　ああ、<u>今日はとびきりいいのが入っています</u>
<u>よ</u>。1枚３００円。何枚にします？

なぜおかしいの？

➡ | p.39「おかしなコミュニケーション」 |

　さあ、皆さんは何問正解でしたでしょうか？
　ここに示した５つの例文の間違いの原因は同じ
ではありません。例えば、文法上の間違い、コ
ミュニケーション上の問題など、では何がどう間
違っているのか各章で詳しく見ていきましょう。

1. おかしな日本語

待遇表現～尊敬語と謙譲語の取り違え～

　まず、日本語を文体形式から分類すると、「～だ・～である」調と「です・ます」調があります。前者は常体と呼ばれ主に書き言葉に用いられ、後者は敬体と呼ばれ主に話し言葉に用いられます。話しことばで、とくに丁寧な表現が必要な場合には「でございます」調が用いられます。「です・ます」調は親しみやすい表現によって、書き言葉でも手紙や随筆では多く用いられます。いずれにしても一つの文章中で常体と敬体を混用してはならないのが原則ですが、時々「～だ」調と「～です・ます」調が混用されているお知らせ文や報告書を見ることがありますね。

　ところで見出しにある「待遇表現」って何だろう？　「尊敬語・謙譲語」って何だろう？　一口で言うと相手や話題の人を高め、尊敬して言うの

が尊敬語、反対に自分や自分側の動作をへりくだって言うのが謙譲語です。従って尊敬語の主語は相手や話題の人であるのに対して、謙譲語の主語は自分か自分側の人ということになります。このように話し手と聞き手、第三者との人間相互の関係によって表現を使い分けることが待遇表現です。

#１ 「１番の窓口で伺ってください」って、誰に向かって言っているの？

「伺う」と言うのは「聞く／尋ねる」の謙譲語で、相手を敬って自分の行為をへりくだって言う場合の言い方です。つまり自分が伺うのならいいのですが、伺うのは相手（お客）です。お客に対して伺えというのは大変失礼極まりない言い方です。でもステキな受付嬢にこう言われると、「いいよ、いいよ、謙譲語ＯＫ！」とニコニコしちゃいますかね？　でも間違いは間違いです。お客様に敬意をもって言うのであれば、次のようになります。
➡ ☺ 「１番の窓口で**お尋ねください**」（表１参照）

（表１）敬意をもって相手にお願いする表現

お＋動詞の連用形＋ください	例）お話しください
御＋漢語＋ください	例）御出席ください

＃２「○○さんと結婚させていただくことになりました」

　ここにはなんと問題点が２つあります。１つ目は「させていただく」という言い方です。これはへりくだって謙虚な気持ちを表す表現ですので、相手が自分より身分の高い人物か、職務上自分より高い地位にある人などに用います。例えば会社の課長会議で司会役を仰せつかった社員が「本日、会議の司会を務めさせていただきます」というのは問題ありません。平社員が上司の皆さんに対しての発言ですから。でもこの例文の場合、私が見た記者会見では、Ａさんのお相手は同じ芸能人仲間の若い女性タレントさんのようでしたが…余程敬意を表したかったのかもしれませんね。

　２つ目は「なりました」です。「なる」と言う

のは自分の意思で行動を起こすのでなく、自然発生的に何かが起こる、変化する、あるいは成り行き上そうなる場合です。例えば、「春になる、大人になる」など。この男性、自分の結婚を自分の意志で決めたのなら「しました」と言う方が良いのではないでしょうか。封建時代の政略結婚でしたら話は別ですけどね。

➡ 😊 わたくし、この度Ｂ子さんと結婚する**こと**
　にしました／結婚**します**。

過剰敬語

「今日は何をお召し上がりになられますか？」

　これはどんな場面でどういう間柄の人の会話でしょうか？　この一文を聞いただけで、私は会社の上司とその部下が社員食堂、或いは近くの定食屋でお昼ご飯を食べるとき、部下から上司に向かっての発話だと想像します。相手に尊敬語を使って丁寧に言っているからです。でもこれは過剰敬語です。「召し上がる」というのは「飲食する」という意味の最上級の敬語です。実は一口に尊敬動詞と言っても丁寧さのレベルがあります。

例えば「食べる」という動詞を例にとると、「食べる→食べます→食べられます（表2）→お食べになります（表2）→召し上がります（表3）→お召し上がりになります」などいろいろな尊敬語があり、後ろにいくほど敬意度が高くなります。（これらの敬語表現については表2、3を参照）

　しかし、厳密にいえば「お召し上がりになります」という表現は、「召し上がる」（総合型と言われる最上級の敬語）にさらに「お〜になる」を付け加えた過剰敬語（二重敬語）です。とても丁寧で超最上級の尊敬語ですが、このような過剰敬語を容認するかどうかは個人差があります。総合型というのはもとのことば（動詞）を全く違うことば（別の敬語動詞）で言い換えるもので、これはすべての動詞にあるのではありません。私たちの日常生活において使用頻度が高いものに限られています。主な総合型の敬語とそれに対応する謙譲語（表3）を次にあげます。ポイントは動作主（主語）が目上の人なら尊敬語、動作主（主語）が自分や自分側の人なら謙譲語です。

（表２）【れる／られる】と【お～になる】を使った敬語表現例

	未然形＋れる／られる	お＋連用形＋になる
帰る	帰られる	お帰りになる
食べる	食べられる	お食べになる

（表３）総合型の動詞

普通語	尊敬語	謙譲語
与える	くださる	あげる、さしあげる
言う	おっしゃる	申す、申し上げる
行く	いらっしゃる	参る
来る	いらっしゃる	参る
いる	いらっしゃる	おる
する	なさる	いたす
飲食する	召しあがる	いただく
見る	ご覧になる	拝見する
聞く	———	伺う、拝聴する

練習 ではちょっとやってみましょう！

例えば、次の二つの文にはどちらも同じ「行く」ということばがありますが、相手に失礼のない言い方をするとしたらどうしたらいいでしょうか？　いずれも相手が先生あるいは上司の場合です。

A「先生、明日学会に行きますか？」
　→「先生、明日学会にいらっしゃいますか？」

B「ではご自宅にお迎えに行きます」
　→「ではご自宅にお迎えに参ります」

Aの文で学会に行くのは先生（相手）ですから尊敬語「いらっしゃいます」となります。それに対してBの文で先生の自宅に迎えに行くのは自分（話者）ですから謙譲語「参ります」ということになります。日本語では往々にして主語が省略されるのが厄介なところです。

美化語

　美化語とは、ことばに「お」や「御」をつけて話し手の品位を保つために用いられる表現のことです。女性の使用頻度が高いですが、個人差があります。

　日常生活において私たちは「お茶、お寿司、お菓子、お水、お酒」といったことばは男女を問わず「お」をつけて使うことが多いように思います。「お洗濯、お使い、お花」になるとかなり個人差があるかもしれません。次の例をご覧ください。

Ａ（秘書が社長に対して）
　「社長、おカバンお持ちします」

Ｂ（接客業の女性がお客に対して）
　「おビール、お注ぎします」

　Ａは話し手がカバンに敬意を払っているのかって？　いいえ、これはカバンの所有者である社長に対しての尊敬語なんです。例えば同じような例では「お車、お回ししておきます」も部下が車の持ち主である上司に対して敬意を払っていること

になります。あくまで敬意を払っているのは「もの」ではなくその「所有者」に対してです。話し手がいくら品よく言おうとしても、バッグ売り場の店頭で「すみません、あのおカバン見せてください」はあり得ないはずです。外来語には「お」はつけないのが普通ですが、Bは接客業の女性が接客の場面でことばを美しく飾っておビール、おタバコという例です。これはそれほど違和感がないように思いますが、どうでしょうか？

　また一般的に漢語（漢字の熟語）に対しては「お」ではなく「御」を付けますので、「御入学」「御卒業」「御相談」「御両親」「御祝儀」となります。

２．カタカナ語

和製英語

　和製英語とは文字通り、英語の単語を組み合わせて日本で作った英語らしく聞こえる語です。

　ガソリンスタンド（filling station）、サラリーマン（office worker）、バックミラー（rearview mirror）、

プレイガイド（ticket agency）、マスコミ（mass media）、デマ（false rumor）、ベビーカー（baby carriage）、ノンシュガー（sugarless）、ソフトクリーム（soft serve）、フライドポテト（french fries）などなど、挙げたらきりがありません。これらはいかにも外国語と思われがちですが、実は立派な和製英語です。つまり日本で使われる外国語風のカタカナ語なので、外国では通用しないことを承知しておくことが大切です。でもサラリーをもらって働く人だからサラリーマン、シュガーが入っていないからノンシュガー、赤ちゃんが乗る車だからベビーカー、誰が作ったかはわかりませんが、本当にそれらしいですよね。

　他にも面白いものでは、医師からストップがかかったことを表すドクターストップ（doctor's orders）、シュー生地の中にクリームを入れたものだからシュークリーム（cream puff）、肌を触れ合うことでお互いの親密感を高める意味でスキンシップ（physical contact）、これも母親が子供とのスキンシップを大事にする、友人と握手をしてスキンシップを高めるなどよく使われます。でもこれらもれっきとした和製英語です。このような和

製英語の中には外国語として別な意味にとられかねないものもありますので注意が必要です。例えばドクターストップ（Dr. Stop）を英語で解釈すると Dr. Stop（ストップ先生）になりかねません。また、モーニングサービスは、日本では、ホテルやレストラン、カフェなどで朝の時間帯に提供するお得な朝ごはんのセットメニューですが、英語では朝に行われる礼拝を意味することばだそうです。私もネイティブの方から聞いてびっくりしました。もう一つマンション（mansion）もよく使うことばですが、あなたが「私マンションに住んでるの」と言ったら、「ええっ、凄い！　あなたって実は大富豪？？」って聞かれるかもしれません。mansion は英語では何部屋もあって庭にプールがあるような大豪邸を意味しますから。もしそれが本当なら何の問題もありません。でも普通のアパートでしたら外国の方には apartment の方がよろしいかと思います。

このように使用上での注意点はいろいろありますが、そのことを十分理解した上で、日本語として使えば結構便利ですよね。

外来語

　それに対して外来語とは、日本で使用されるようになった外国語です。

「外国語」ですから英語だけとは限りません。いろいろな国のことばが日本に入ってきて日本語として定着したものです。私たちが普段何気なく使っていることばには和製英語や外来語がかなりありますが、どれが和製英語でどれが外来語かわからない！ということも多いのではないでしょうか。それくらいどちらも日本語として通用しているということです。

　しかし一口に外来語といっても千差万別です。例えば、テーブル、カメラ、ナイフ、ドア、プレゼントなどは外来語としての歴史が古く、日本語としての地位をしっかり確保しています。子供からお年寄りまで誰でも知っていますので問題はありません。

　外来語ではやはり英語由来の語が多く、ここで例を挙げるまでもありません。でも英語由来だと思っているものでも実はそうでないものが沢山あります。例えば、シャンソン、デッサン、シネマ、アラカルト、オードブル、カフェ、グランプリ、

ブティック、アンケートなど、芸術、ファッション、料理などの分野ではフランス語由来のものがかなりあります。どれも私たちに馴染みのある語ばかりですね。アルバイト、リュックサック、カルテ、ガーゼ、ギブス（ギプスの訛）などはドイツ語由来です。医学関係の語が多いようです。意外なものでは、ノルマ、イクラなどはロシア語由来です。どれも私たちの日常生活で当たり前に使っていますよね。

　ある会社の営業担当者がこんな風にぼやいたらどうでしょう。「今月の"一定期間内に達成すべき数値目標"に全然いかなくてさぁ！」何だか長ったらしくてまどろっこしいですね。やはり「ノルマ」とバチッと決めたいですね。このように生活の中における外来語は必要不可欠の存在となり、もはや外来語としての認識すらなくなりつつあります。文化庁が発表しているカタカナ語の認知度、理解度、使用率というのがありますが、これで見ると上位につけているストレス（stress）、リサイクル（recycle）、ボランティア（volunteer）はどれも認知率でいうと９７％以上です。素晴らしい！

しかしインターネットやＩＴの普及で最近は見慣れないカタカナ語が急激に増えているのも事実です。イノベーション、ダイバーシティ、コンセンサス、ガバナンス、プライオリティ、コンプライアンス、リジリエンス、エビデンス、リスキリング、アバター、メタバースとなるとどうでしょう。すべての人がすんなり理解しているでしょうか？

　さらにこの頃はアルファベットを並べただけの略語が目につきます。もちろんＮＨＫ、ＷＨＯ、ＩＬＯなどはアルファベット略語の古株ですから何の問題もありません。ＡＴＭ、ＭＲＩ、ＣＴ、ＡＩなども、どんな単語の頭文字からできたのかは知らなくても私たちは意味を理解した上で便利に使っています。大したものです。

　しかしＳＤＧｓ、ＥＳＧ、ＣＰＩなどになると全く見当がつかないという人が多いかもしれません。今日の朝刊（一般紙）ではＤＸ（デジタルトランスフォーメーション）、ＧＸ（グリーントランスフォーメーション）、アルゴリズム（計算手順）のように（　）付きでカタカナ読みや日本語訳をつけたものもありました。これらの略語もそ

ういう分野の書類や会議などでは敢えて長々しい日本語で言うより的確に意味が伝わり必要だと思いますが、使用する場所や相手によっては配慮が欲しいものです。しっかり勉強しておかないと時代に置いてきぼりにされそうです。

外行語

外行語ということばをご存じでしょうか？ちょっと聞きなれないことばですが、他の言語に取り入れられた日本語、つまり日本語がそのまま外国で使われているもののことです。古いところではツナミ、ハラキリ、カミカゼ、カロウシなど（どれも怖そうなことばです！）がありますが、その他にも多くの日本語が外国に取り入れられています。英語では、スキヤキ、カラオケ、ニンジャ、オタク、マンガ、ボンサイなど。かつて坂本九の「上を向いて歩こう」が「Sukiyaki」というタイトルで全米で大ヒットしたことをご記憶の方がいらっしゃるかもしれません。また近年は世界的な盆栽ブームで、ニューヨークでも盆栽教室や見本市が開かれるなど、盆栽愛好者が急増しているそうです。もちろん盆栽はそのままボンサイ

（bonsai）としてしっかり定着しています。

　フランス語に入った日本語も数多くありますが、ツナミ、ハラキリ、カミカゼ、カラオケは英語と同様です。近年、パリで毎年開催されている「ジャパン　エキスポ」などによる日本ブームでパリでも盆栽の人気は急上昇しています。フランス語では発音上ボンザイ（bonsaï）となりますが。他に日本の伝統的な文化とは別にサブカルチャーにも人気が集まり、若者たちの間で漫画ブームが一段と熱をおびています。それにつれて、マンガ、オタクといったことばもしっかりフランス語になっています。漫画はフランス語で bande dessinée（略Ｂ．Ｄ．）（バンデシネ）というれっきとした単語がありますが、それと区別して日本の漫画を指す語としてマンガ（manga）が使われているようです。オタクということばも面白いですね。日本語でもいつごろからか本来の「お宅」とは異なった意味の「オタク」が使われ始めたのか、今では漫画オタク、〇〇オタクなどしっかり根付いています。〇〇ファンという場合の「ファン」に類するようですが、やっぱりニュアンスが違いますね。フランス語にはこの語に匹敵する語はな

いようで、オタク（愛好者＝特定の対象に極端に集中し時間やお金を消費する人）としてフランス語として使われているようです。

　もう一つフランス語になった面白いことばにタタミゼ（tatamiser）というのがあります。どういう意味か想像してみてください。「畳ぜ」と書くとヒントになるでしょうか？　そうです、これは畳の上の暮らし、畳の部屋で日本風な暮らしをするという意味の造語です。畳（tatami）という日本語をもじってうまく作ったものですね。

3．日本語のあいまいさ

ねじれ文

日本語で一番難しいのは敬語であると思った。
⇒　誰がそう思ったの？

　言っている意味はわかるのですが、何かおかしい、しっくりこない、と感じた方は多いのではないでしょうか。その方はとってもいい日本語のセンスをお持ちです。つまり主語に対してそれがど

うしたのか、どうあるのかという述語が来なければいけません。要するに主語と述語がねじれているねじれ文です。

　例文で「日本語で一番難しいのは」（主語）＋「敬語である」（述語）だとすっきりしますよね。では最後の「思った」とは何かというと、この文に表れていない主語「私」なんです。つまり「（私は）〜〜〜と思った」ということです。日本語では往々にして「私」という主語が省略されることにも原因があります。

　①「日本語で一番難しいのは敬語である」
　②「私は、日本語で一番難しいのは敬語であると思った」

　となるべきですよね。要するに「私は思った」「日本語で一番難しいのは敬語である」と言うことですね。😊

たかが句読点、されど句読点
～修飾語と句読点の位置～

> ①　きのう友人から借りたＣＤを聴いた。
> 　⇒きのうＣＤを借りたの？　きのうＣＤを
> 　聴いたの？

　さぁ、皆さんはこの文を読んでどう解釈されましたでしょうか？　ここで問題になるのは「きのう」という語がどこにかかるかということです。

　解釈ⓐは、<u>きのうＣＤを借りた</u>のなら、「友人から、きのう借りたＣＤを聴いた」とすることで意味がはっきりします。

　解釈ⓑは、<u>きのうＣＤを聴いた</u>のなら、「きのう、友人から借りたＣＤを聴いた」、或いは「友人から借りたＣＤをきのう聴いた」とした方がいいですね。ここではＣＤをいつ借りたかについてはわかりません。つまり句読点の入れ方や語順を工夫することによって、聞き手に誤解が生じないようにする工夫が大切です。 ☺

② トラックが故障して止まっている乗用車
　　に衝突した。
　⇒故障したのはトラック？ それとも乗用車？

　②も句読点を正しく入れることで意味をはっきりさせることができます。一つは⑧「トラックが、故障して止まっている乗用車に衝突した」。もう一つは⑤「トラックが故障して、止まっている乗用車に衝突した」。句読点に気を付けよう！ ☺

③　二人の子供を連れた母親が来た。
　⇒子供を二人連れた母親？　子供連れの母
　　親が二人？

　これも①②の例と似ていますが、ことばの配置を換えると意味がはっきりします。⑧「子供を二人連れた母親が来た」、或いは⑤「子供を連れた母親が二人来た（子供を何人連れていたかはわかりませんが）」。ちょっとした語順の工夫で意味を明確にすることができます。

　とは言うものの、日本語は主語が省略されるこ

とが多く、構造上あいまいさがぬぐえません。英語などでは「何者かが〜する」のように動作主をはっきり表現する「する」的な傾向があるのに対し、日本語ではとかく物事が「おのずから〜なる」のように動作主をなるべく覆い隠して表現する「なる」的な傾向があります。と言うか、そう言う表現が好まれます。(『「する」と「なる」の言語学（１９８１）』)。ですから冒頭のクイズ＃２でも挙げたように、自分のことですら「結婚することになりました」となるんですね。

　よく考えると日常的な会話では私たちはほとんど主語なしで話していることにお気付きですか。相手が「きのう〜へ行った」と言った場合、この文のどこにも「私」という主語はないのですが、聞き手は当然行ったのは相手だと理解するわけです。そんなこと当たり前じゃない！と言われそうですが、これが日本語なんです。もし行ったのが話し手以外の人なら、もちろん「〇〇さんが〜」というように初めて主語が登場します。でも主語がない場合、暗黙のうちに理解している主語には欧米語のような明確さはありません。私が行ったことに間違いはないとしても一人で行っ

たのか（I）か、私を含めて何人かで行ったのか（We）は不明です。これは主語に限ったことではありません。動作主に限らず、例えばあなたの友人Ａ子さんが「先週友だちと旅行に行ったんだよ」と言った時、あなたはＡ子さんに「その『友だち』って男なの、女なの、一人もしくは数名？？」って聞き返しますか？　よほど親しい友人でない限り普通そんなことしませんよね。余計な詮索しないでよ！と怒られそうです。そうなんです。お互いに何となくヴェールに包まれたような会話が好まれます。

　フランス語だとそうはいきません。この文で友だちの部分をフランス語にして書くと、友だちはami（アミ）ですが、ami（男性単数）、amie（女性単数）、amis（男性複数）、amies（女性複数）となりますから一目瞭然、何の追加質問も要りません。それが良いかどうかは別として、フランス語が「明晰ならざるものフランス語にあらず」（Ce qui n'est pas clair n'est pas français.）と言われる所以です。

４．おかしなコミュニケーション

１０００円お預かりします

＃3「郵便局の窓口で」の解説

担当者：全部で１０００円になります。

客　　　：はい（１０００円札を１枚渡す）

担当者：では１０００円<u>お預かりします</u>。

↓

😊 解答例

では１０００円<u>頂きます</u>。

　これは私が実際に窓口で経験したやり取りです。「えっ、いくら返していただけるんですか？」と言いたくなります。「預かる」ということばの意味をもう１度国語辞書で確かめてみてください。これは「保管する」という意味で、あくまで受け取った当人がもらったということではありませんよね。仮にこの場合代金が９５０円だったとしたら、これはありです。なぜなら１０００円を一時的に保管しておつりの５０円を返す訳ですから。

これでよろしかったでしょうか？

＃４「デパートの衣料品売り場で」の解説

（客は売り場のショーウィンドウに展示されている赤いマフラーを指して）

客　：すみません。あのマフラーをいただきたいのですが…

店員：（そのマフラーを取り出して）ありがとうございます。これで<u>よろしかったでしょうか？</u>

↓

😊 解答例

　（そのマフラーを取り出して）ありがとうございます。これで<u>よろしいでしょうか？</u>

◇問題点

　今、目の前にあるマフラーを一緒に見ているのに「よろしかったでしょうか？」というのは私的にはかなり違和感があり、気持わる〜いのですが…皆様は如何でしょうか？　では、この気持ち悪さを解決するためには、どんなシチュエーションならこの表現がピタッと来るかを考えてみました。

　例えば、この客は１週間この売り場にマフラー

を買いに来たのですが、自分が欲しい赤い色のマフラーがなかったので、赤を取り寄せてもらうように注文して帰ったとします。後日、客が届いたマフラーを受け取りに同じ売り場に来た時の会話だったらどうでしょう。店員は棚の奥から届いたマフラーを取り出し、客に見せながら（お客様が先日注文されたマフラーは）「これでよろしかったでしょうか？」これならすんなりいきませんか？

鮭の切り身ある？

> ＃５「魚屋の店頭で」の解説

客　：ねぇ、今日、鮭の切り身ある？
魚屋：何枚にします？

↓

😊解答例
ああ、<u>今日はとびきりいいのが入っていますよ。１枚３００円</u>。何枚にします？

なぜおかしいか？　要するにやり取りがかみ合っていないですよね。これは一つの会話例です

が、問題点として、まず客は鮭の切り身があるのかないのかを尋ねているだけですから。私だったら、あったとしてもべらぼうに高ければ今日はやめとこうか、良いのが入っていれば、或いは安ければ1枚余分に買っておこうか…なんて考えちゃいますけどね。つまり、魚屋は客がどんな情報を求めているかを無視している。つまり鮭でさえあればいくらしようが買うと決めてかかっている。つまり不親切なコミュニケーションです。

5．日本語って面白い！

隠語

隠語とは特定の業界や仲間内で通用するいわゆる隠しことばです。いろいろな業界に特有の隠語（隠しことば）がありますが、それが一般に使われることがあります（もはや隠語ではない！）。例えば、

〈寿司屋〉

お寿司屋さん用語の「上がり、ガリ、むらさき、おあいそ」などは「お茶、ショウガ、醤油、勘

定」の隠語のはずですが、もう一般的に通用しています。それを使うことでちょっと通な感じがしませんか。

〈警察〉

ホシ（犯人）、サツ（警察）、デカ（刑事）、ヤク（麻薬）、ガセネタ（偽りの情報）、ガサ入れ（家宅捜査）など、これらは自分が実際に使うことは少ないかもしれませんが、映画やテレビドラマではおなじみですね。

〈芸能界〉

はける（捌ける）＝一般的には「この商品はよく捌けた」のように品物がよく売れることを言いますが、芸能界用語としては舞台から登場人物（俳優）や道具類が舞台の袖（普通には衣類のいわゆる袖ですが、舞台の左右の端の部分を指す）に消えることを言います。ＮＧ（No Good）＝良くないこと、放送、芸能界用語としてはダメ、やり直しの意味です。カンペ＝スタッフが視聴者に見えないように出演者に伝えるカンニングペーパーのことです。

〈スポーツ界〉

キックオフ＝サッカーなどでボールを蹴って試

合を開始することですが、ビジネス用語として何らかのプロジェクトを立ち上げスタートさせることを言います。ノーサイド＝ラグビー用語で試合終了フルタイム（full time）を指しますが、試合が終了すればサイドなしとして敵味方ではない仲間であるの意味もあります。タニマチ＝相撲界の隠語で贔屓にしてくれる客、後援者のこと。これらも意外と一般的に通用していそうです。

省略表現

すっかり定着しているコンビニ、マスコミ、コミセン、ファミレス、ファミコン、コネ、スト、リハビリ、サラ金、合コン、ドタキャン、アラサー、コピペ、さらに最近ではググる、コスパ、トリセツ、サブスク、リノベ、リスケなどなど数えたらきりがありません。日常会話で使われることばにはとくに省略表現が多いようです。日本人はことばを短くして言いやすくするのが得意だと言われますが、実に上手いこと作ったよね、と感心せざるを得ません。どれも言いやすいし、日常会話に大いに重宝されています。リモコン（リモートコントロール）もコスパ（コストパフォー

マンス）もずいぶん短くなって元の単語で言ったら逆に「それ何？」と言われるかもしれません。アラサー（around thirty）も３０歳前後という意味ですが、日本で使われる場合は、単に年齢が３０歳前後というだけでなく成熟したオトナの女性というニュアンスがありませんか。男性には使わないようですね。他にもアラフォー（around forty）やアラフィ／アラフィフ（around fifty）アラ還（還暦前後）というのもあります。アラ還ファッションというのもあってこの年代の人におしゃれなコーディネートなどをネットで紹介しています。アラ還の次は何でしょうか？　だんだん長生きになってそのうちアラ傘（傘寿前後）、アラ卒（卒寿前後）ということばが使われるようになるかもしれませんね。

　略語と一口に言っても、英語の単語を省略したもの、日本語を省略したもの、日本語と英語を省略して組み合わせたものなどさまざまです。サラ金はサラリーマン（和製英語）＋金融、トリセツ（取り扱い説明書）の短縮です。元の単語が何だったか思い出せなくてももう日本語としてしっかり定着しています。

トリセツというのは、本来電気製品などの取り扱いの手引き書、マニュアルのことですが、「妻のトリセツ」、「夫のトリセツ」など実に的を射た表現だと思いませんか。確かに、取り扱い説明書などというより言いやすいし、便利で思わず笑ってしまいます。そういうタイトルの本も出ているようです。さらに「私のトリセツ」というのもあって、自分自身の取り扱い説明書というわけです。自分のことは自分が一番よく知っていると思いがちですが、意外と自分では気づいていないことって結構ありますよね。自分自身がどういう人物かを客観的によく知り、それを家族や職場など周りの人にも知ってもらうことでお互いに良い人間関係をつくるというものです。なるほど！奥が深いですね。

　もう一つ、最近ネットなどによく登場することばに「推し活」というのがあります。推しはイチオシの推しで、自分にとってイチオシのアイドルや俳優、またキャラクター（推し）をさまざまなかたちで応援する活動のことです。つまり自分が応援している対象（＝オシ）の出ているライブやイベントに行ったりグッズを購入したりすること

を言います。今、そういう人たちを歓迎している
カフェやレストランが次々に誕生して全国的な広
がりを見せており、ネットでも紹介されています。
先日たまたまその様子をテレビでルポする番組を
見ましたが、店内はたくさんの花や可愛い小物で
飾られ、まるでおとぎの国にいるような感じを受
けました。写真映えするカラフルな店内ではもち
ろん写真撮影もＯＫで、オシ活の皆さんは美味し
いものを食べながら自分たちのオシの話題で盛り
上がり至福の時間を過ごすようです。

　もう一つ、最近よく耳にするようになったこと
ばに「タイパ」というのがあります。ご存じで
しょうか？　私が初めてこのことばを聞いた時に
は意味が分からず、何の事だろう？と首をかしげ
ました。何とタイムパフォーマンス（時間を効
率的に使う）の略語なんですね。いわゆるコス
パ（コストパフォーマンス）に類することばだと
わかりました。さらにこの流れを受けて家電メー
カーは、今まで以上に時間効率のいい機能を搭載
したオーブンレンジや自動調理鍋など「タイパ家
電」なるものをつぎつぎに売り出しています。現
代は外で仕事をする女性が増えていますので、少

しでも家事に要する時間を節約できるというのは朗報なのでしょう。

　新しい表現がつぎつぎに誕生していますが、それはその時代の社会を映し出し、生まれるべくして生まれるのかもしれません。

　省略表現は日々増殖中ですので、これからどんなことばが生まれるのか楽しみです。でもその一方で、本来の正しい日本語が少しずつ失われていくことへの危惧を感じずにはいられません。

　混合表記

　日本語の文章を書き表すには、基本的に我々は平仮名、カタカナ、ローマ字（アルファベット）を用います。いわゆる混合表記のため、欧米語のようにアルファベットですべての文章を書く言語に比べると非常に複雑で難易度が高いです。例えば、次のＡ、Ｂの文を比べてみてください。どちらがわかりやすいでしょうか。

Ａ「きょうみめい、みなみこうえんのちかくでとらっくとばいくのじこがあり、ひとりがきゅうきゅうしゃでびょういんにはこばれました」

B「今日未明、南公園の近くでトラックとバイク
　の事故があり、一人が救急車で病院に運ばれま
　した」

　いかがですか？　Aは難しい漢字がなくて平仮
名だけで書いてあるからわかりやす～い、と言え
るでしょうか。平仮名は一つ一つ文字を追ってい
くので時間がかかってまどろっこしいはずです。
Bは漢字で表記することによって視覚的に語の意
味を限定し、さらに外来語をトラック、バイクの
ようにカタカナで書くことで文脈理解に大いに貢
献しています。
　このように日本人は幼いころから一つの文の中
に複数の種類の文字を使って書くことを当たり前
としているのですから、すご～い！　しかもどの
ことばをどの文字で書くかというのも暗黙のルー
ルがあるのですから、日本語を学ぶ留学生にとっ
ては至難の業と言わなくてはなりません。

レストランと食堂は同じ？
～外来語のニュアンス～

次の例文をご覧ください。A子さんは彼氏B夫さんからこんな誘いを受けました。

例1

B夫「今度の君の誕生日に食事に招待したいんだけど…」

A子「わぁー嬉しい、ありがとう♡♡♪」

B夫「駅の近くにある　山田食堂を予約しようと思ってるんだ」

A子「((@_@)」

例2

B夫「今度の君の誕生日に食事に招待したいんだけど…」

A子「わぁー嬉しい、ありがとう♡♡♪」

B夫「駅の近くにある　レストラン　レスポワールを予約しようと思ってるんだ」

A子「わぁ、楽しみ！ありがとう(^^ ♪」

あなたはどっち？？「レスポワール」って素敵なお店みたい！　ぜひぜひ連れてってぇ…♡　でも山田食堂はどうしてダメなの？　山田食堂には実はとっても腕のいいシェフがいるかもしれないんですよ…

　でも人間ってその名前のおしゃれ度に大いに左右されるんですね。とくに女性はその傾向が強いようです。外来語を使うことによっておしゃれ感、今風感をねらうことはよくあります。街を歩いていてもレストランやカフェ、ブティックなどの名前には外国語からとったおしゃれなものが多いことに気がつきます。「コーヒー牛乳」って聞いたことがありますか？　今の若者には、「何、それ？ダサッ！」と一蹴されそうですが、要するに牛乳入りのコーヒー、ミルクコーヒーのことです。でも今ではもはや死語同然かもしれません。今の若者はコーヒー牛乳を飲まなくなったのか、というとそうではありません。では皆さんはなんとおっしゃっているでしょうか？　カフェオレ、カフェラテ、カプチーノ、カフェ／ラテマキアート、これらの語は厳密にいうと内容的には少し違いはありますが、どれも牛乳入りのコーヒーという点で

は同じです。カフェオレ（café au lait）は フランス語でコーヒーと牛乳の割合が1対1ですからとってもマイルドなコーヒーです。カフェラテ、カプチーノはイタリア語から来ていますが、エスプレッソ抽出したコーヒーにスチームで泡立てたミルクを加えます。違いは泡の量が多い方がカプチーノ、少ない方がカフェラテと言われますが、お店によって違いがあるようです。カフェ／ラテマキアートも同じですが、エスプレッソに少量のミルクを注ぎ、それが染みのように見えることからそう呼ばれているようです。コーヒーの表面にハートマークやニコニコマークのアートがついているマキアート、確かに何だか楽しくなりますね。いずれにしてもコーヒー牛乳と言うよりおしゃれでとっても美味しそうに聞こえませんか？　これもことばの持つ力です。

　このように日本語としてしっかり根付いている外来語の中には意味は同じでありながら本来の日本語とは社会通念上違いがあるものや使い方の約束ごとのようなものがあります。例えばベッド＝寝台のはずですが、常にベッド＝寝台となりません。寝台列車とはいってもベッド列車とは言わな

い、ベッドタウン（和製英語）とは言っても、寝台タウンとは言わないなど、面白いですね。

男？　それとも男の人？

外来語に限らず日本語にも暗黙のうちに使い方の約束ごとがあるようです。

次の文を完成させてください。

★帰宅途中、Ａ子さんは後ろから来た若い男に＿＿＿＿＿＿＿＿＿＿＿＿＿。

あなたはどんな文章ができましたか？　例えば「バッグをひったくられました」「突き飛ばされました」など良からぬ行為を表す文が来たのではないですか？　それは「男」という表現です。新聞記事やテレビのニュースなどで私たちがよく耳にする文です。でも次の例はどうでしょう。

★帰宅途中、Ａ子さんが書類を取り落としていると、後ろから来た若い男性が＿＿＿＿＿＿＿＿。

この場合は後半に「拾ってくれました」、或いは「拾うのを手伝ってくれました」のような文が

しっくりきませんか。「男性／男の人」という表現が後半にこのような行為をする述語を要求しています。男ということばを辞書で引いても「よからぬ行為をする者」と言う定義はありませんが、新聞記事やテレビの報道でも、何か犯罪行為をした場合は決まって「男」で、決して「男性／男の人」という表現ではありません。これも社会通念上我々は区別して使っていることになります。

　もう一つ面白い例があります。「安らかにお休みください」って何でしょうか？　もしあなたが誰かにこう言われたらびっくりしませんか？　私、まだ生きているんですけど！と憤慨するかもしれません。何故ならこれはお葬式などで亡くなった人に対して使うのが一般的だからです。でも「安らか」ということばを辞書で引くと、「穏やかで無事なさま、ゆったりとして気楽なさま、安心できるさま」とあり、意味の上ではとくに問題がある訳ではありません。例えば赤ちゃんが眠っているのを見て「安らかな寝顔」って言いますよね。

　でもこれが「安らかにお休みください／お眠りください」になるとどうでしょう？　これは社会通念上ではかなり限定的な意味になり、使用する

場面に注意が必要です。やっぱり日本語って難しい！　ことば自体の意味だけでなく、そのことばを使った表現や使う場面を含めて理解することが大事です。これは私たちが外国語を学ぶときにも同じことが言えるのではないでしょうか。

6．今どき日本語

これでいいいっすか？＝「っす体」

お元気ですか？—はい、元気っす。

　最近テレビを見ているとドラマや若い人のトーク番組などでよく聞かれる表現です。「今日休みっす」「元気っす」など、お気付きではありませんか？　お気付きでない方は是非注意してお聞きになってみてください。「〜です」というべきところを「〜っす」と言っているのですが、非常に軽くてぞんざいな感じがします。でもこれも一種のサブリミナル効果でしょうか？　いつも聞いているとだんだん違和感がなくなるから不思議ですね。

大丈夫です

　気分が悪そうにしている人に「大丈夫ですか？」
—「あ、大丈夫です」や「これ食べても大丈夫で
すか？」という場合は「無事、安心の意味」で使
われています。また「時間は大丈夫ですか？」や
「来週の月曜日大丈夫ですか？」では「間違いな
く、確かの意味」で使われています。

　しかし、最近この表現を上記とは異なった場面
で耳にすることが多くなりました。例えば、レス
トランやカフェで食事をしているときにコップの
水が少なくなっていると、店のウェイターやウェ
イトレスがやってきて「お水をお注ぎしましょう
か」と尋ねます。すると客が「大丈夫です」とい
う光景を私はよく目にします。つまり「要りませ
ん」という意味で丁寧に断っているのですね。同
様のことは買い物の場面でもあります。先日も書
店のレジで順番を待っていると、支払いをしてい
るお客に対して店員が「袋をお付けしますか？」
と聞くと客は「いえ、大丈夫です」というやり
取りが聞こえました。もちろん袋は「要りませ
ん」ということです。また、重そうな荷物を持っ
ている人に「重そうですね。持ちましょうか？」

――「いいえ、大丈夫です」という場合もどちらも「不要の意」を伝えています。他の例では、何かを借りた場合「返却は明日でも大丈夫ですか？」――「はい、大丈夫です」という場合は「可能、承諾の意」を表しています。近年このようにこれまでとは違った場面での使用が多く見られ、このことばの守備範囲が広がっています。今人気上昇中の表現です。確かに相手からの申し出を断るときに「いいえ、要りません」「いいえ、結構です」というより響きが柔らかくていい感じですね。多くの人が使うようになるとその表現自体がステイタスを得てきます。

全然いいよ

　これも今とくに若い世代の会話でよく聞かれる表現ですが、このような使い方に抵抗がある方はどのくらいいらっしゃるでしょうか？　私は個人的には抵抗がある方ですが…。「全然」は基本的には後ろに打ち消しや否定的な意味の語を伴って「全然わからない」「全然駄目だ」となるはずですが、必ずしもそうではないという見方もあります。実は夏目漱石や芥川龍之介の作品に肯定的に使わ

れた例があり、若者の誤用とは言い切れないということでしょう。広辞苑にも、俗な言い方で「全然同感です」のように肯定的にも使う、と言う記述がありますので、全然いいよ！ということでしょうか？　このような使い方は否定文にしろ肯定文にしろ「すっかり」「すべて」の意味で使われていますが、この頃では「旅行どうだった？」―「全然楽しかった」のように「とても」「非常に」と単に強調する意味でも使われています。

とんでもございません

会話例1

相手：今回の君の作品は実に素晴らしかったね。
私　：とんでもございません。まだまだです。

会話例2

相手：今日は忙しいところ長時間手伝ってくれてありがとう。
私　：とんでもございません。お役に立てて幸いです。

これらは日常生活の中でよくありそうな会話です。どちらも相手は上司か目上の方でしょう。相手からの誉めことばや感謝のことばを軽く打ち消し、「私」は謙遜してこう言っています。一見、へりくだった丁重な受け答えで何の問題もないように思えますが、伝統的な使い方から言えば正しくありません。この使い方は以前から議論の対象になり、たびたび話題になりました。要するに「とんでもない」というのは形容詞ですから、名詞を伴って「とんでもない話だ」などは問題ありませんが、上記のような場面で使うとすれば「とんでもないです」、「とんでもないことです」「とんでもないことでございます」とすべきですね。ただし、この表現は多くの人に愛用？され、アッという間に広まってしまいした。文化庁もこの使用を認め、現在では使っても問題ないとしています（『敬語の指針（２００７）』）。

　とは言うもののこの使用に関してのアンケートでは、若い世代では違和感がないと答えた人が多かったのに対して、６０歳以上の人の６５.２％が、とくに女性に関しては８１.６％の人が違和感があると答えています。これも時代の流れで議

論にすらならなくなるのでしょう。

お茶しない？

「今度の日曜日　皆でお茶しない？」—「いいねぇ、やろうよ！」親しい仲間の女子会の相談でしょうか？　とっても楽しそうですね。この表現はだいぶ前から使われてきました。でもちょっと待ってください。「お茶する」って何だかおかしくないですか？

　名詞＋する（○○する）という表現はすべてに問題がある訳ではありません。注意しなければいけないのは、○○のところには動作性名詞（たまに状態性の副詞　例　のんびりする）がくるのが一般的です。動作性名詞というのは動作を伴ったもの、動詞的な意味を持った名詞です。例えば、勉強する、努力する、旅行するなどです。勉強も努力も旅行も動作を伴います。それはＯＫです。「お茶」はそれには当てはまりません。ですからこの表現に何となく違和感を感じるのはもっともなことです。他にも「主婦する」、「暇する」なども聞いたことがあります。

キラキラネーム

　物の名前に限らず、人の名前にキラキラネームなるものが登場したのはいつごろからだったでしょうか？　最近では、可愛い！とばかり言っておられないような奇抜なものが続々登場しています。漢字を英語読みした「空<ruby>スカイ</ruby>」、漫画の主人公の名前を当てた「光宙<ruby>ピカチュウ</ruby>」、「今鹿<ruby>ナウシカ</ruby>」、他にも「音階<ruby>ドレミ</ruby>」、などさまざまです。このような名前を戸籍上どこまで許容するかについては、人それぞれでしょうが、現在、法制審議会で検討中だそうです（２０２２.５）。今後どうなるのか気になるところです。将来、巷にピカチュウ（光宙）おじいちゃんやドレミ（音階）おばあちゃんがあふれる日が来るかもしれません。

　↻ええっ、それってマジっすか？　Σ(- -ノ)ノ

第2章
日本人は神さまになった

　最近の世の中の変化はめまぐるしく、自然環境も社会もあっという間に変ってしまいます。とくに最近はすべてのことが悪い方に悪い方に急速に進んでいるような気がしてなりません。日本においても社会的なルールを守らず身勝手な振る舞いをする人がやたら目につきます。日本人は律義で奥ゆかしいと言われていた時代もあったはずですが、そんな日本人はどこへ行ってしまったのでしょうか？　以下に挙げるのは私が実際に経験したものですが、同じような経験をされた方もたくさんいらっしゃるのではないでしょうか？

1. マナーって何？

運転マナー

　運転をしていると最近の運転マナーの悪さが目に余ります。ウインカーも出さずに急な割り込み

をする、車間距離を取らない、スマホを見ながら運転する、窓から空き缶やたばこの吸い殻をポイ捨てする、ひどいのになるとわざとあおり運転をして嫌がらせをするなど挙げたらきりがありません。最近は運転していても歩いていても危険がいっぱいです。

　先日ツイッターを見ていたら「最近漢字が読めない人が増えている」という書き込みがありました。びっくりして、えっ、どういうこと？と思ってよく見ると「駐車禁止」と書いてある所に平気で長時間車を止めている人が多くなっている、ということでした。なるほどぉ…！「駐車禁止」という漢字は難しいですから、意味がわからない人が増えているのでしょうね。納得です。

乗車マナー

　急行バスをよく利用するのですが、都心から１時間余りの路線では朝夕のラッシュ時や雨の日、祝祭日はどうしても遅れがちです。運転手さんは平身低頭で「只今、〇分遅れております。お急ぎのところ大変申し訳ございません」と幾度となく遅れを詫びていました。

するとある時、一人の中年の男性乗客がバスが遅れたことに対して腹立たし気に大声で怒鳴り始めました。もちろん乗客の中には次の予定や乗り継ぎがあってハラハラしている人もいるかもしれません。私もそういう経験があります。でもバスが遅れているのは運転手さんのせいではないはずです。道路事情や天気の影響で遅れが出たからといってドライバーに八つ当たりするなぞ見苦しすぎます。人に何かをしてもらっているという感謝の気持ちはどこへ行ったのでしょう。そういう方は自家用のタケコプターでも利用されたらいいかもしれません。

行楽地でのマナー

春になると日本人は昔から桜の咲くのを楽しみにし、テレビでもソメイヨシノの開花予想日を知らせる桜前線が報道されます。桜前線は三月中旬になると九州や四国から北上を始めます。桜前線というのはマスメディアによる造語らしいですが、私たちには馴染みのあることばです。淡いピンクの花が咲き始めると春の訪れを感じ、家族や仲間と一緒に花見に出かけ、ゆっくり春の景色を楽し

むというのは日本独特の風物詩でしょう。

　しかし近年は花見客のマナーの悪さが目立ち、みんなが気持ちよく花見を楽しむのが難しくなったようです。例えば、食べ物や飲み物のごみを放置して帰る、泥酔して大騒ぎをする、大音響でカラオケをする。また会社での花見になると大勢の人が集まるために場所を確保しなければなりません。そこで徹夜して場所取りを行い、広いスペースをブルーシートで覆い長時間にわたって占有するなどなどです。花見の席での迷惑行為についてのアンケートでは上記の他にも、写真撮影のために桜の木に登る、桜の枝を折るなどびっくりするようなものがあり、法的に罰せられる行為も報告されています。こういう状況を踏まえて、全国の桜の名所で花見を有料化する動きがあり、すでに有料化している都市もあります。ただしこれに関しては賛否両論があり必ずしもすべての人に受け入れられるとは限りません。しかし、自治体によると客が残したごみの収集や夜間の警備、ライトアップの経費はばかにならないというのも事実のようです。

　これは春の花見に限ったことではなく、夏の花

火大会でも同様のことが見られます。以前テレビのニュースで、河川敷でバーベキューをして食べ残した物や飲み物のボトルをそのままにして帰る、中には食べ物だけでなくバーベキューの器具まで放置していくなどが報道されていました。またある時は調理用の器具の不具合で火事になりかけたというニュースもありました。人の迷惑など顧みない自分勝手な振る舞いは至る所で見られます。

２．お客様は神さまです

　この頃はやたらとお客に媚びた表現が目につくのも気になります。スーパーのトイレには次のような張り紙がしてあります。「いつもきれいに使っていただいてありがとうございます」？？私が客の立場だったら何だか気持ちが悪いのですが…。必要な時に自由に使えて、トイレットペーパーも備えつけ（もちろん無料！）なんですから、お礼を言うべきはこちら側ではないでしょうか。

　もっとひどいのになると「トイレットペーパーのお持ち帰りはご遠慮ください。後の方が困りま

すから」？？　後の方が困らなければいいのかという問題ではなく、額の多い少ないは別としてこれはまさに窃盗です。

　先日は商業施設のトイレに「当ビルのコンセントから無断でスマホの充電をするのはご遠慮下さい」というのがありました。ウォシュレット用のコンセントを抜いて、そこから自分のスマホに充電して、その上、後は元のコンセントを戻しておかないのでウォシュレットが使用できない状態になっているということのようです。またトイレの入り口においてあるゴミ箱には「家庭内のごみの持ち込みはご遠慮ください」という張り紙がしてありました。いつから日本人はこんなに横着になったのでしょうか。以前「お客様は神さまです」ということばがはやりましたが、今では日本は神さまだらけかもしれません。病院でも最近は「医者」と「患者さま」のようですから。

第３章

ちょっとディープに
〜日本語豆知識〜

熟字訓

読んでみましょう！

小豆（あずき）・海女（あま）・田舎（いなか）・神楽（かぐら）・今日（きょう）・素人（しろうと）・玄人（くろうと）・
五月雨（さみだれ）・時雨（しぐれ）・竹刀（しない）・芝生（しばふ）・師走（しわす）・相撲（すもう）・雑魚（ざこ）・
山車（だし）・足袋（たび）・七夕（たなばた）・読経（どきょう）・祝詞（のりと）・上手（じょうず）・下手（へた）・
日和（ひより）・雪崩（なだれ）・土産（みやげ）・眼鏡（めがね）・大和（やまと）・寄席（よせ）・若人（わこうど）

　熟字訓とは、２字以上の漢字からなる熟字を「訓読み」にしたものです。しかも漢字単体ではなく熟字単位で訓読みを当てているところが普通の熟語と違うところです。従って単字の音からは想像もつかないような読みになっているので、超難解です。でも「梅雨入り」、「七夕」などは、何で梅が「ツ」で雨が「ユ」なんだよ？といちゃもんを付ける人はいないはずです。つまりこれらの

ことばは私たちの生活の中にしっかり溶け込んでおり、何の違和感もありません。他にも十六夜、東雲、細雪、不知火など美しいことばがたくさんあります。

　ところで、日本語を構成する語種のうち、漢語や外来語に対して固有語として古くから使われてきた大和言葉（和語）があります。大和言葉には心を癒す優しい表現が多いですね。例えば「雨」を使った表現として、春雨、秋雨、霧雨、氷雨、桜雨、長雨、涙雨、小ぬか雨、遣らずの雨、通り雨、にわか雨、日照り雨、恵みの雨など。このような表現を聞くと、そのことばから醸し出される情景が目に浮かび、ほっこりとした気持ちになります。新幹線の愛称には和語が多いというのを読んだことがありますが、東北系の「はやぶさ」「はやて」「やまびこ」、西日本系の「のぞみ」「ひかり」「さくら」などいいですね。最近では外来語や省略表現に押されて一般的に和語の使用率が少なくなったような気がします。のぞみは漢語や外来語の「希望」や「ホープ」でなく、敢えて「のぞみ」という和語の響きがとても優しくて「いいね！👍」を付けたくなります。

呉音・漢音・唐／宋音

　漢字が中国から日本に伝わった時期によって同じ漢字でも読みが異なります。

　読んでみましょう！

A	経文 <small>きょうもん</small>	有無 <small>う む</small>	行事 <small>ぎょうじ</small>	光明 <small>こうみょう</small>	頭上 <small>ずじょう</small>	← 呉音
B	経歴 <small>けいれき</small>	有益 <small>ゆうえき</small>	旅行 <small>りょこう</small>	先頭 <small>せんとう</small>		← 漢音
C	和尚 <small>おしょう</small>	行燈 <small>あんどん</small>	行脚 <small>あんぎゃ</small>	饅頭 <small>まんじゅう</small>		← 唐／宋音

　これらは同じ漢字でありながらことばによって読み方が全く違います。それはその文字が伝わってきた時期の違いによるものです。例えば「行」を例にとると、呉音では「ギョウ」、漢音では「コウ」、唐、宋音では「アン」と読みます。私たちは、呉音、漢音などの区別などは知らなくても無意識に読み分けていることになります。書くのは難しいけど、読むことはできるということはよくあります。でも今の時代ではそのことば自体に馴染みがなく、読み方以前に「行脚や行燈って、それ何？」ということになっているのかもしれません。

呉音　　：漢音より古い時代に日本に伝わったもの。仏教用語などに多い

漢音　　：８〜９世紀に伝わったもの

唐／宋音：呉音、漢音の後１０〜１１世紀以降に伝わったもの。禅宗関係の語が多い

〈あとがき〉

　ことばは生き物です。それを使う人によって変貌するのは当然であり、これまでもそうしてことばはかたちを変えてきました。新しいことばが誕生するにはその時代の社会現象と切り離して考えることはできません。つまりそれらは生まれるべくして生まれたということでしょう。最近はブラック企業、パワハラにセクハラ、婚活、妊活などなど…昔は聞いたこともなかったようなことばが日常的にメディアに登場するのは今の時代の生きづらさを表しているようです。また現代はメールやラインでのコミュニケーションが主流となり何よりもスピードが求められます。その結果いろいろな分野で続々と略語が生まれ、御用済みとなったことばは姿を消していきます。時代の流れの中でことばは確実に変化し、それがまた新しい基準となるのでしょう。でもこれまで私たちが育んできた美しい日本語と日本人の礼儀正しく奥ゆかしい振る舞いをないがしろにすることなく、大切にしていきたいものです。

　先日、テレビでサンゴの白化現象の映像が流れ

ていました。地球温暖化による海水温の上昇で真白くなったサンゴの映像は本当に痛ましいものでした。これは白化現象に限った事ではありません。地球温暖化の急速な進行で南極の氷が解け海面が上昇する、生態系に影響を与えるなどの報告があります。随分前のことですが、ヴェニスを訪れたことがあります。水路が整備され、ゴンドラや水上バスで行き来する風景はまさに水の都と言われる所以です。当時少しずつ海面が上昇しているらしいとの話を聞いた気がしますが、それほど気に留めませんでした。「海面が上昇して街が水没したら来られなくなるよね。今来て良かったね」と冗談を言ったのを覚えています。その時は本当に軽い冗談のつもりでしたが、今となってはそれが冗談ではなく現実味を帯びてきていることに驚きを隠せません。これらは皆人間がしてきたことの代償なのでしょう。自然も社会も人の心もすっかり変わってしまいました。豊かな自然に恵まれ、人の心も優しかった時代はもう戻ってこないのでしょうか？　今は科学技術の進歩で生活は昔とは比べものにならないくらい便利になっているはずなのに何となく居心地の悪さを感じるのは私だけ

でしょうか？

参考文献

『日本語表現法』沖森卓也・半沢幹一編（1998）三省堂

『「する」と「なる」の言語学』 池上嘉彦（1981）大修館書店

『日本語の大疑問』国立国語研究所編（2021）幻冬舎新書

『日本語の乱れか変化か』金澤裕之他（2021）ひつじ書房

福間　康子（ふくま やすこ）

宮崎県出身　慶応大学文学部卒業　九州大学大学院博士課程修了
博士号取得
九州大学留学生センター、九州国際大学などにおいて日本語教育
に携わり、世界各国からの留学生に長年にわたって日本語を指導、
日本文化の紹介に努める。著書『La Cuisine Familiale Japonaise』
（共著）では日本の家庭料理をフランス語で紹介

それっておかしくないですか!?

2023 年 6 月 8 日　第 1 刷発行

著　者　福間康子
発行人　大杉　剛
発行所　株式会社 風詠社
　　　　〒553-0001　大阪市福島区海老江 5-2-2
　　　　　　　　　　大拓ビル 5 - 7 階
　　　　℡06（6136）8657　https://fueisha.com/
発売元　株式会社 星雲社
　　　　　　　（共同出版社・流通責任出版社）
　　　　〒112-0005　東京都文京区水道 1-3-30
　　　　℡03（3868）3275
印刷・製本　シナノ印刷株式会社
©Yasuko Fukuma 2023, Printed in Japan.
ISBN978-4-434-32130-6 C0095